D1503624

Business
Weekly Planner

This Planner Belongs To:

_____

First Edition: 2020

Business

SUNDAY	
MONDAY	
TUESDAY	
WEDNESDAY	
THURSDAY	
FRIDAY	
SATURDAY	

Weekly Planner

TO DO

- ☐ _____
- ☐ _____
- ☐ _____
- ☐ _____
- ☐ _____
- ☐ _____
- ☐ _____
- ☐ _____
- ☐ _____
- ☐ _____

PRIORITIES

_____
_____
_____
_____
_____
_____
_____
_____
_____
_____
_____
_____

Notes

Business

SUNDAY	
MONDAY	
TUESDAY	
WEDNESDAY	
THURSDAY	
FRIDAY	
SATURDAY	

Weekly Planner

TO DO

- [ ] _____
- [ ] _____
- [ ] _____
- [ ] _____
- [ ] _____
- [ ] _____
- [ ] _____
- [ ] _____
- [ ] _____
- [ ] _____

PRIORITIES

_____
_____
_____
_____
_____
_____
_____
_____
_____
_____
_____

Notes

Business

SUNDAY	
MONDAY	
TUESDAY	
WEDNESDAY	
THURSDAY	
FRIDAY	
SATURDAY	

Weekly Planner

TO DO

- [ ] _____
- [ ] _____
- [ ] _____
- [ ] _____
- [ ] _____
- [ ] _____
- [ ] _____
- [ ] _____
- [ ] _____
- [ ] _____

PRIORITIES

_____
_____
_____
_____
_____
_____
_____
_____
_____
_____
_____

Notes

Business

SUNDAY

MONDAY

TUESDAY

WEDNESDAY

THURSDAY

FRIDAY

SATURDAY

Weekly Planner

TO DO

- [ ] _____
- [ ] _____
- [ ] _____
- [ ] _____
- [ ] _____
- [ ] _____
- [ ] _____
- [ ] _____
- [ ] _____
- [ ] _____

PRIORITIES

_____

_____

_____

_____

_____

_____

_____

_____

_____

_____

_____

Notes

Business

SUNDAY

MONDAY

TUESDAY

WEDNESDAY

THURSDAY

FRIDAY

SATURDAY

Weekly Planner

TO DO

- [ ] _____
- [ ] _____
- [ ] _____
- [ ] _____
- [ ] _____
- [ ] _____
- [ ] _____
- [ ] _____
- [ ] _____
- [ ] _____

PRIORITIES

_____
_____
_____
_____
_____
_____
_____
_____
_____
_____
_____
_____

Notes

Business

SUNDAY	
MONDAY	
TUESDAY	
WEDNESDAY	
THURSDAY	
FRIDAY	
SATURDAY	

Weekly Planner

TO DO

- [ ] _____
- [ ] _____
- [ ] _____
- [ ] _____
- [ ] _____
- [ ] _____
- [ ] _____
- [ ] _____
- [ ] _____
- [ ] _____

PRIORITIES

_____
_____
_____
_____
_____
_____
_____
_____
_____
_____
_____
_____
_____

Notes

Business

SUNDAY

MONDAY

TUESDAY

WEDNESDAY

THURSDAY

FRIDAY

SATURDAY

Weekly Planner

TO DO

- [ ] _____
- [ ] _____
- [ ] _____
- [ ] _____
- [ ] _____
- [ ] _____
- [ ] _____
- [ ] _____
- [ ] _____
- [ ] _____

PRIORITIES

_____
_____
_____
_____
_____
_____
_____
_____
_____
_____
_____

Notes

Business

SUNDAY

MONDAY

TUESDAY

WEDNESDAY

THURSDAY

FRIDAY

SATURDAY

Weekly Planner

TO DO

- [ ] _____
- [ ] _____
- [ ] _____
- [ ] _____
- [ ] _____
- [ ] _____
- [ ] _____
- [ ] _____
- [ ] _____
- [ ] _____

PRIORITIES

_____
_____
_____
_____
_____
_____
_____
_____
_____
_____
_____
_____
_____

Notes

Business

SUNDAY	
MONDAY	
TUESDAY	
WEDNESDAY	
THURSDAY	
FRIDAY	
SATURDAY	

Weekly Planner

TO DO

- [ ] _____
- [ ] _____
- [ ] _____
- [ ] _____
- [ ] _____
- [ ] _____
- [ ] _____
- [ ] _____
- [ ] _____
- [ ] _____

PRIORITIES

_____
_____
_____
_____
_____
_____
_____
_____
_____
_____
_____
_____

Notes

Business

SUNDAY	
MONDAY	
TUESDAY	
WEDNESDAY	
THURSDAY	
FRIDAY	
SATURDAY	

Weekly Planner

TO DO

- [ ] _____
- [ ] _____
- [ ] _____
- [ ] _____
- [ ] _____
- [ ] _____
- [ ] _____
- [ ] _____
- [ ] _____
- [ ] _____

PRIORITIES

_____
_____
_____
_____
_____
_____
_____
_____
_____
_____

Notes

Business

SUNDAY

MONDAY

TUESDAY

WEDNESDAY

THURSDAY

FRIDAY

SATURDAY

Weekly Planner

TO DO

- [ ] _____
- [ ] _____
- [ ] _____
- [ ] _____
- [ ] _____
- [ ] _____
- [ ] _____
- [ ] _____
- [ ] _____
- [ ] _____

PRIORITIES

_____
_____
_____
_____
_____
_____
_____
_____
_____
_____
_____
_____

Notes

Business

SUNDAY	
MONDAY	
TUESDAY	
WEDNESDAY	
THURSDAY	
FRIDAY	
SATURDAY	

Weekly Planner

TO DO

- [ ] _____
- [ ] _____
- [ ] _____
- [ ] _____
- [ ] _____
- [ ] _____
- [ ] _____
- [ ] _____
- [ ] _____
- [ ] _____

PRIORITIES

_____
_____
_____
_____
_____
_____
_____
_____
_____
_____
_____
_____
_____
_____

Notes

Business

SUNDAY

MONDAY

TUESDAY

WEDNESDAY

THURSDAY

FRIDAY

SATURDAY

Weekly Planner

TO DO

- [ ] _____
- [ ] _____
- [ ] _____
- [ ] _____
- [ ] _____
- [ ] _____
- [ ] _____
- [ ] _____
- [ ] _____
- [ ] _____

PRIORITIES

_____
_____
_____
_____
_____
_____
_____
_____
_____
_____
_____

Notes

Business

SUNDAY

MONDAY

TUESDAY

WEDNESDAY

THURSDAY

FRIDAY

SATURDAY

Weekly Planner

TO DO

- [ ] _____
- [ ] _____
- [ ] _____
- [ ] _____
- [ ] _____
- [ ] _____
- [ ] _____
- [ ] _____
- [ ] _____
- [ ] _____

PRIORITIES

_____
_____
_____
_____
_____
_____
_____
_____
_____
_____
_____

Notes

Business

SUNDAY

MONDAY

TUESDAY

WEDNESDAY

THURSDAY

FRIDAY

SATURDAY

Weekly Planner

TO DO

- [ ] _____
- [ ] _____
- [ ] _____
- [ ] _____
- [ ] _____
- [ ] _____
- [ ] _____
- [ ] _____
- [ ] _____
- [ ] _____

PRIORITIES

_____
_____
_____
_____
_____
_____
_____
_____
_____
_____
_____
_____

Notes

Business

SUNDAY

MONDAY

TUESDAY

WEDNESDAY

THURSDAY

FRIDAY

SATURDAY

Weekly Planner

TO DO

- [ ] _____
- [ ] _____
- [ ] _____
- [ ] _____
- [ ] _____
- [ ] _____
- [ ] _____
- [ ] _____
- [ ] _____
- [ ] _____

PRIORITIES

_____
_____
_____
_____
_____
_____
_____
_____
_____
_____
_____

Notes

Business

SUNDAY

MONDAY

TUESDAY

WEDNESDAY

THURSDAY

FRIDAY

SATURDAY

Weekly Planner

TO DO

- [ ] _____
- [ ] _____
- [ ] _____
- [ ] _____
- [ ] _____
- [ ] _____
- [ ] _____
- [ ] _____
- [ ] _____
- [ ] _____

PRIORITIES

_____
_____
_____
_____
_____
_____
_____
_____
_____
_____
_____
_____

Notes

Business

SUNDAY	
MONDAY	
TUESDAY	
WEDNESDAY	
THURSDAY	
FRIDAY	
SATURDAY	

Weekly Planner

TO DO

- [ ] _____
- [ ] _____
- [ ] _____
- [ ] _____
- [ ] _____
- [ ] _____
- [ ] _____
- [ ] _____
- [ ] _____
- [ ] _____

PRIORITIES

_____
_____
_____
_____
_____
_____
_____
_____
_____
_____
_____

Notes

Business

SUNDAY

MONDAY

TUESDAY

WEDNESDAY

THURSDAY

FRIDAY

SATURDAY

Weekly Planner

TO DO

- [ ] _____
- [ ] _____
- [ ] _____
- [ ] _____
- [ ] _____
- [ ] _____
- [ ] _____
- [ ] _____
- [ ] _____
- [ ] _____

PRIORITIES

_____
_____
_____
_____
_____
_____
_____
_____
_____
_____
_____
_____

Notes

Business

SUNDAY

MONDAY

TUESDAY

WEDNESDAY

THURSDAY

FRIDAY

SATURDAY

Weekly Planner

TO DO

- [ ] _____
- [ ] _____
- [ ] _____
- [ ] _____
- [ ] _____
- [ ] _____
- [ ] _____
- [ ] _____
- [ ] _____
- [ ] _____

PRIORITIES

_____
_____
_____
_____
_____
_____
_____
_____
_____
_____
_____
_____

Notes

Business

SUNDAY

MONDAY

TUESDAY

WEDNESDAY

THURSDAY

FRIDAY

SATURDAY

Weekly Planner

TO DO

- [ ] _____
- [ ] _____
- [ ] _____
- [ ] _____
- [ ] _____
- [ ] _____
- [ ] _____
- [ ] _____
- [ ] _____
- [ ] _____

PRIORITIES

_____
_____
_____
_____
_____
_____
_____
_____
_____
_____
_____

Notes

Business

SUNDAY

MONDAY

TUESDAY

WEDNESDAY

THURSDAY

FRIDAY

SATURDAY

Weekly Planner

TO DO

- [ ] _____
- [ ] _____
- [ ] _____
- [ ] _____
- [ ] _____
- [ ] _____
- [ ] _____
- [ ] _____
- [ ] _____
- [ ] _____

PRIORITIES

_____
_____
_____
_____
_____
_____
_____
_____
_____

Notes

Business

SUNDAY	
MONDAY	
TUESDAY	
WEDNESDAY	
THURSDAY	
FRIDAY	
SATURDAY	

Weekly Planner

TO DO

- [ ] _____
- [ ] _____
- [ ] _____
- [ ] _____
- [ ] _____
- [ ] _____
- [ ] _____
- [ ] _____
- [ ] _____
- [ ] _____

PRIORITIES

_____
_____
_____
_____
_____
_____
_____
_____
_____
_____
_____

Notes

Business

SUNDAY	
MONDAY	
TUESDAY	
WEDNESDAY	
THURSDAY	
FRIDAY	
SATURDAY	

Weekly Planner

TO DO

- [ ] _____
- [ ] _____
- [ ] _____
- [ ] _____
- [ ] _____
- [ ] _____
- [ ] _____
- [ ] _____
- [ ] _____
- [ ] _____

PRIORITIES

_____
_____
_____
_____
_____
_____
_____
_____
_____
_____
_____
_____

Notes

Business

SUNDAY	
MONDAY	
TUESDAY	
WEDNESDAY	
THURSDAY	
FRIDAY	
SATURDAY	

Weekly Planner

TO DO

- [ ] _____
- [ ] _____
- [ ] _____
- [ ] _____
- [ ] _____
- [ ] _____
- [ ] _____
- [ ] _____
- [ ] _____
- [ ] _____

PRIORITIES

_____
_____
_____
_____
_____
_____
_____
_____
_____
_____
_____
_____

Notes

Business

SUNDAY

MONDAY

TUESDAY

WEDNESDAY

THURSDAY

FRIDAY

SATURDAY

Weekly Planner

TO DO

- [ ] _____
- [ ] _____
- [ ] _____
- [ ] _____
- [ ] _____
- [ ] _____
- [ ] _____
- [ ] _____
- [ ] _____
- [ ] _____

PRIORITIES

_____
_____
_____
_____
_____
_____
_____
_____
_____
_____
_____
_____
_____

Notes

Business

SUNDAY

MONDAY

TUESDAY

WEDNESDAY

THURSDAY

FRIDAY

SATURDAY

Weekly Planner

TO DO

- [ ] _____
- [ ] _____
- [ ] _____
- [ ] _____
- [ ] _____
- [ ] _____
- [ ] _____
- [ ] _____
- [ ] _____
- [ ] _____

PRIORITIES

_____
_____
_____
_____
_____
_____
_____
_____
_____
_____
_____

Notes

Business

SUNDAY

MONDAY

TUESDAY

WEDNESDAY

THURSDAY

FRIDAY

SATURDAY

Weekly Planner

TO DO

- [ ] _____
- [ ] _____
- [ ] _____
- [ ] _____
- [ ] _____
- [ ] _____
- [ ] _____
- [ ] _____
- [ ] _____
- [ ] _____

PRIORITIES

_____
_____
_____
_____
_____
_____
_____
_____
_____
_____
_____

Notes

Business

SUNDAY	
MONDAY	
TUESDAY	
WEDNESDAY	
THURSDAY	
FRIDAY	
SATURDAY	

Weekly Planner

TO DO

- [ ] _____
- [ ] _____
- [ ] _____
- [ ] _____
- [ ] _____
- [ ] _____
- [ ] _____
- [ ] _____
- [ ] _____
- [ ] _____

PRIORITIES

_____
_____
_____
_____
_____
_____
_____
_____
_____
_____
_____
_____
_____

Notes

Business

SUNDAY

MONDAY

TUESDAY

WEDNESDAY

THURSDAY

FRIDAY

SATURDAY

Weekly Planner

TO DO

- [ ] _____
- [ ] _____
- [ ] _____
- [ ] _____
- [ ] _____
- [ ] _____
- [ ] _____
- [ ] _____
- [ ] _____
- [ ] _____

PRIORITIES

_____
_____
_____
_____
_____
_____
_____
_____
_____
_____
_____

Notes

Business

SUNDAY	
MONDAY	
TUESDAY	
WEDNESDAY	
THURSDAY	
FRIDAY	
SATURDAY	

Weekly Planner

TO DO

- ☐ _____
- ☐ _____
- ☐ _____
- ☐ _____
- ☐ _____
- ☐ _____
- ☐ _____
- ☐ _____
- ☐ _____
- ☐ _____

PRIORITIES

_____
_____
_____
_____
_____
_____
_____
_____
_____
_____
_____
_____

Notes

Business

SUNDAY

MONDAY

TUESDAY

WEDNESDAY

THURSDAY

FRIDAY

SATURDAY

Weekly Planner

TO DO

- [ ] _____
- [ ] _____
- [ ] _____
- [ ] _____
- [ ] _____
- [ ] _____
- [ ] _____
- [ ] _____
- [ ] _____
- [ ] _____

PRIORITIES

_____
_____
_____
_____
_____
_____
_____
_____
_____
_____
_____
_____

Notes

Business

SUNDAY

MONDAY

TUESDAY

WEDNESDAY

THURSDAY

FRIDAY

SATURDAY

Weekly Planner

TO DO

- [ ] _____
- [ ] _____
- [ ] _____
- [ ] _____
- [ ] _____
- [ ] _____
- [ ] _____
- [ ] _____
- [ ] _____
- [ ] _____

PRIORITIES

_____
_____
_____
_____
_____
_____
_____
_____
_____
_____
_____
_____
_____
_____

Notes

Business

SUNDAY

MONDAY

TUESDAY

WEDNESDAY

THURSDAY

FRIDAY

SATURDAY

Weekly Planner

TO DO

- [ ] _____
- [ ] _____
- [ ] _____
- [ ] _____
- [ ] _____
- [ ] _____
- [ ] _____
- [ ] _____
- [ ] _____
- [ ] _____

PRIORITIES

_____
_____
_____
_____
_____
_____
_____
_____
_____
_____
_____

Notes

Business

SUNDAY

MONDAY

TUESDAY

WEDNESDAY

THURSDAY

FRIDAY

SATURDAY

Weekly Planner

TO DO

- [ ] _____
- [ ] _____
- [ ] _____
- [ ] _____
- [ ] _____
- [ ] _____
- [ ] _____
- [ ] _____
- [ ] _____
- [ ] _____

PRIORITIES

_____
_____
_____
_____
_____
_____
_____
_____
_____
_____
_____

Notes

Business

SUNDAY	
MONDAY	
TUESDAY	
WEDNESDAY	
THURSDAY	
FRIDAY	
SATURDAY	

Weekly Planner

TO DO

- [ ] _____
- [ ] _____
- [ ] _____
- [ ] _____
- [ ] _____
- [ ] _____
- [ ] _____
- [ ] _____
- [ ] _____
- [ ] _____

PRIORITIES

_____
_____
_____
_____
_____
_____
_____
_____
_____
_____
_____
_____

Notes

Business

SUNDAY	
MONDAY	
TUESDAY	
WEDNESDAY	
THURSDAY	
FRIDAY	
SATURDAY	

Weekly Planner

TO DO

- [ ] _____
- [ ] _____
- [ ] _____
- [ ] _____
- [ ] _____
- [ ] _____
- [ ] _____
- [ ] _____
- [ ] _____
- [ ] _____

PRIORITIES

_____
_____
_____
_____
_____
_____
_____
_____
_____
_____

Notes

Business

SUNDAY

MONDAY

TUESDAY

WEDNESDAY

THURSDAY

FRIDAY

SATURDAY

Weekly Planner

TO DO

- [ ] _____
- [ ] _____
- [ ] _____
- [ ] _____
- [ ] _____
- [ ] _____
- [ ] _____
- [ ] _____
- [ ] _____
- [ ] _____

PRIORITIES

_____
_____
_____
_____
_____
_____
_____
_____
_____
_____
_____

Notes

Business

SUNDAY

MONDAY

TUESDAY

WEDNESDAY

THURSDAY

FRIDAY

SATURDAY

Weekly Planner

TO DO

- [ ] _____
- [ ] _____
- [ ] _____
- [ ] _____
- [ ] _____
- [ ] _____
- [ ] _____
- [ ] _____
- [ ] _____
- [ ] _____

PRIORITIES

_____
_____
_____
_____
_____
_____
_____
_____
_____
_____
_____
_____

Notes

Business

SUNDAY

MONDAY

TUESDAY

WEDNESDAY

THURSDAY

FRIDAY

SATURDAY

Weekly Planner

TO DO

- [ ] _____
- [ ] _____
- [ ] _____
- [ ] _____
- [ ] _____
- [ ] _____
- [ ] _____
- [ ] _____
- [ ] _____
- [ ] _____

PRIORITIES

_____
_____
_____
_____
_____
_____
_____
_____
_____
_____
_____

Notes

Business

SUNDAY

MONDAY

TUESDAY

WEDNESDAY

THURSDAY

FRIDAY

SATURDAY

Weekly Planner

TO DO

- [ ] _____
- [ ] _____
- [ ] _____
- [ ] _____
- [ ] _____
- [ ] _____
- [ ] _____
- [ ] _____
- [ ] _____
- [ ] _____

PRIORITIES

_____
_____
_____
_____
_____
_____
_____
_____
_____
_____
_____
_____

Notes

Business

SUNDAY

MONDAY

TUESDAY

WEDNESDAY

THURSDAY

FRIDAY

SATURDAY

Weekly Planner

TO DO

- [ ] _____
- [ ] _____
- [ ] _____
- [ ] _____
- [ ] _____
- [ ] _____
- [ ] _____
- [ ] _____
- [ ] _____
- [ ] _____

PRIORITIES

_____
_____
_____
_____
_____
_____
_____
_____
_____
_____
_____
_____
_____

Notes

Business

SUNDAY

MONDAY

TUESDAY

WEDNESDAY

THURSDAY

FRIDAY

SATURDAY

Weekly Planner

TO DO

- ☐ _____
- ☐ _____
- ☐ _____
- ☐ _____
- ☐ _____
- ☐ _____
- ☐ _____
- ☐ _____
- ☐ _____
- ☐ _____

PRIORITIES

_____
_____
_____
_____
_____
_____
_____
_____
_____
_____
_____

Notes

Business

SUNDAY	
MONDAY	
TUESDAY	
WEDNESDAY	
THURSDAY	
FRIDAY	
SATURDAY	

Weekly Planner

TO DO

- [ ] _____
- [ ] _____
- [ ] _____
- [ ] _____
- [ ] _____
- [ ] _____
- [ ] _____
- [ ] _____
- [ ] _____
- [ ] _____

PRIORITIES

_____
_____
_____
_____
_____
_____
_____
_____
_____
_____
_____
_____

Notes

Business

SUNDAY

MONDAY

TUESDAY

WEDNESDAY

THURSDAY

FRIDAY

SATURDAY

Weekly Planner

TO DO

- [ ] _____
- [ ] _____
- [ ] _____
- [ ] _____
- [ ] _____
- [ ] _____
- [ ] _____
- [ ] _____
- [ ] _____
- [ ] _____

PRIORITIES

_____
_____
_____
_____
_____
_____
_____
_____
_____
_____
_____

Notes

Business

SUNDAY

MONDAY

TUESDAY

WEDNESDAY

THURSDAY

FRIDAY

SATURDAY

Weekly Planner

TO DO

- [ ] _____
- [ ] _____
- [ ] _____
- [ ] _____
- [ ] _____
- [ ] _____
- [ ] _____
- [ ] _____
- [ ] _____
- [ ] _____

PRIORITIES

_____
_____
_____
_____
_____
_____
_____
_____
_____
_____
_____

Notes

Business

	SUNDAY
	MONDAY
	TUESDAY
	WEDNESDAY
	THURSDAY
	FRIDAY
	SATURDAY

Weekly Planner

TO DO

- [ ] _____
- [ ] _____
- [ ] _____
- [ ] _____
- [ ] _____
- [ ] _____
- [ ] _____
- [ ] _____
- [ ] _____
- [ ] _____

PRIORITIES

_____
_____
_____
_____
_____
_____
_____
_____
_____
_____
_____

Notes

Business

SUNDAY	
MONDAY	
TUESDAY	
WEDNESDAY	
THURSDAY	
FRIDAY	
SATURDAY	

Weekly Planner

TO DO

- [ ] _____
- [ ] _____
- [ ] _____
- [ ] _____
- [ ] _____
- [ ] _____
- [ ] _____
- [ ] _____
- [ ] _____
- [ ] _____

PRIORITIES

_____

_____

_____

_____

_____

_____

_____

_____

_____

_____

_____

Notes

Business

SUNDAY	
MONDAY	
TUESDAY	
WEDNESDAY	
THURSDAY	
FRIDAY	
SATURDAY	

Weekly Planner

TO DO

- [ ] _____
- [ ] _____
- [ ] _____
- [ ] _____
- [ ] _____
- [ ] _____
- [ ] _____
- [ ] _____
- [ ] _____
- [ ] _____

PRIORITIES

_____
_____
_____
_____
_____
_____
_____
_____
_____
_____

Notes

Business

SUNDAY	
MONDAY	
TUESDAY	
WEDNESDAY	
THURSDAY	
FRIDAY	
SATURDAY	

Weekly Planner

TO DO

- [ ] _____
- [ ] _____
- [ ] _____
- [ ] _____
- [ ] _____
- [ ] _____
- [ ] _____
- [ ] _____
- [ ] _____
- [ ] _____

PRIORITIES

_____
_____
_____
_____
_____
_____
_____
_____
_____
_____
_____
_____
_____
_____

Notes

Business

SUNDAY

MONDAY

TUESDAY

WEDNESDAY

THURSDAY

FRIDAY

SATURDAY

Weekly Planner

TO DO

- [ ] _____
- [ ] _____
- [ ] _____
- [ ] _____
- [ ] _____
- [ ] _____
- [ ] _____
- [ ] _____
- [ ] _____
- [ ] _____

PRIORITIES

_____

_____

_____

_____

_____

_____

_____

_____

_____

_____

Notes

Business

SUNDAY	
MONDAY	
TUESDAY	
WEDNESDAY	
THURSDAY	
FRIDAY	
SATURDAY	

Weekly Planner

TO DO

- [ ] _____
- [ ] _____
- [ ] _____
- [ ] _____
- [ ] _____
- [ ] _____
- [ ] _____
- [ ] _____
- [ ] _____
- [ ] _____

PRIORITIES

_____
_____
_____
_____
_____
_____
_____
_____
_____
_____
_____
_____

Notes

A
Year
Well-Spent

Made in the USA
Monee, IL
09 June 2022

97738579R00059